ÉTUDE

SUR

L'ORGANISATION

DE LA SOCIÉTÉ POLITIQUE,

Par L.-A. R.

Limiter la liberté avec ombrage, folie !
Amoindrir le pouvoir avec défiance, folie encore !
É. DE GIRARDIN.

PARIS,
IMPRIMERIE DE L. MARTINET,
RUE MIGNON, 2.
1849.

L

ÉTUDE

SUR L'ORGANISATION

DE LA SOCIÉTÉ POLITIQUE.

ÉTUDE

SUR

L'ORGANISATION

DE LA SOCIÉTÉ POLITIQUE,

Par L.-A. R.

Limiter la liberté avec ombrage, folie !
Amoindrir le pouvoir avec défiance, folie encore !

É. DE GIRARDIN.

PARIS,
IMPRIMERIE DE L. MARTINET,
RUE MIGNON, 2.
1849.

A

M. Emile de Girardin,

L'étude suivante vous est adressée. J'espère que la critique de la Presse, dût-elle être très sévère, jettera une vive clarté sur la question communale; son silence serait l'arrêt le plus redoutable.

Je vous suis à peine connu : tant de simples soldats de la pensée tombent sur la brèche sans être nommés à leurs chefs! Ils comblent, l'un après l'autre, ignorés, cette tranchée profonde qui sépare les défenseurs d'un vieil ordre qui s'écroule et les

1.

partisans d'une tendance rénovatrice qui ne s'est pas nettement dessinée.

Membre d'une combinaison politique confuse encore, je n'ai pu prendre pour sujet d'étude ses institutions : j'ai gardé la France en vue. Cette liberté n'est pas sans excuse, puisque la France est la patrie de toute idée de progrès.

Agréez, monsieur, cet envoi comme un hommage à votre intrépidité politique, et à l'éclat de votre talent.

L.-A. R.

ÉTUDE
SUR L'ORGANISATION
DE LA SOCIÉTÉ POLITIQUE.

I

L'instrument organisateur de la société se nomme son gouvernement : c'est donc lui qui s'offre le premier à notre attention, et dont il convient avant tout d'étudier la nature.

Le gouvernement a pour mission de maintenir l'ordre dans le mouvement de la civilisation. Pour remplir cette mission, il a été investi de l'autorité ; il doit savoir diriger les intelligences et les passions au profit des intérêts, il doit pouvoir tirer parti des événements ; « il agit sur les masses et agit par les individus (1). » Par conséquent, il doit avoir la science des vérités, l'expérience des effets, la liberté d'action et le choix des agents.

Deux natures se combinent dans sa com-

(1) M. Guizot.

position : l'une morale, immuable, éternelle, qui répond du principe de la justice, et qui réclame de droit cette vénération qui se traduit par l'autorité; puis une nature matérielle, relative, changeante, qui se manifeste dans l'organisation des forces publiques, destinées à réprimer l'injustice et à contenir la violence.

En vertu de leur nature morale, les gouvernements sont les défenseurs constitués des grandes vérités dont la connaissance, plus ou moins parfaite, caractérise les différentes phases de la civilisation. Cette nature morale est le fondement de leur puissance et la garantie de leur durée. Leur nature politique devient fréquemment une cause de faiblesse, alors que négligeant l'esprit, les hommes du pouvoir s'attachent à certaines symétries de formes nécessaires peut-être dans l'origine, mais qui ne peuvent rester toujours à la mesure du développement social.

La conservation opiniâtre des formes épuisées produit dans les peuples un malaise profond ; bientôt se prononce une pénible inquiétude, ensuite une sourde irritation, qui se termine par des explosions soudaines. L'histoire est pleine du souvenir de ces luttes; les générations contemporaines en sont les témoins et les acteurs.

La révolution qui porte la date de 1789 eut jusqu'à présent pour résultats, d'un côté, la proclamation de quelques grandes vérités indistinctement comprises; de l'autre, l'affaiblissement des gouvernements établis. Cet affaiblissement fut une conséquence et pouvait devenir un moyen, mais il ne doit être considéré ni comme un but à poursuivre, ni comme une indispensable condition du progrès. Il fut, dis-je, une conséquence de la négation des doctrines traditionnelles que faisaient valoir les vieux gouvernements; — il pouvait être un moyen pour affranchir les forces vives de la société, et pour les dégager d'un réseau d'entraves surannées : mais le but à rechercher devait être une réorganisation de la société et de ses pouvoirs sur la base du droit nouveau, c'est-à-dire sur le principe de la souveraineté de l'opinion nationale.

Toutes les tendances de la société à rectifier son organisation ont été faussées ou paralysées par les efforts acharnés qu'a provoqués la résistance tenace des vieilles formes, et par l'absence d'un instrument organisateur, ou son hostilité. Une société en lutte avec son gouvernement marche vers sa ruine si cette lutte se prolonge.

Il importe que cet état désastreux ait un terme; il importe que la haine des abus ne fasse pas méconnaître les principes; que les formes ne fassent pas oublier l'esprit. Si l'on a vu des gouvernements, surtout depuis le XVIIe siècle, vouloir établir leur puissance sur la désorganisation des sociétés, les nations, à leur tour, tomberaient dans une erreur non moins grave, si elles croyaient gagner la liberté par la désorganisation des pouvoirs, alors surtout que l'idée abstraite de l'autorité n'est point encore assez universellement comprise pour que sa représentation matérielle et visible puisse être écartée sans danger.

Il faut donc maintenir, au prix même de quelques douleurs, les pouvoirs établis pour la défense des intérêts actuels et pour leur équilibre. Mais en même temps il est nécessaire d'observer attentivement les tendances sociales qui, tôt ou tard, renversant les pouvoirs actuels, se façonneront de nouveaux instruments organisateurs. L'État a été et reste encore l'idée gouvernementale par excellence. L'idée sociale tend à la détrôner. Tel fut le mobile des récentes convulsions à l'occident, au centre et au midi de l'Europe. Insurrectionnelles, où le système de l'Etat se présentait avec un drapeau étranger, ces éruptions prirent un autre caractère dans les pays où pareilles complications n'existaient pas. Alors on vit les tentatives hostiles au système de l'État s'appuyer, non plus sur une communauté d'intérêts historiques, mais sur des communautés d'intérêts industriels, ou sur la concordance des théories politiques.

Considérées comme moyens de réorganisation, les théories politiques n'ont pu contenter nulle part le besoin social : libérales ou absolutistes, républicaines ou monarchiques, elles se préoccupent uniquement des formes de l'État, sans corriger les erreurs de la constitution intime de la société. Elles prétendent concentrer ou diviser, modifier de telle ou telle autre façon les pouvoirs de l'État, mais elles conservent sa toute-puissance unitaire, et laissant ainsi les nations dans leur condition passive, elles restent en dehors du mouvement réel de notre époque.

De toute autre nature sont les tendances qui prennent comme base la communauté des intérêts. Ces tendances méritent l'attention par le fait de leur influence sur les masses, sinon par la profondeur de leurs principes dominants. Elles ont été décriées ou portées aux nues sous le nom général de doctrines *socialistes;* mais, plus anciennes qu'on n'affecte de le croire, elles se sont exprimées depuis bien longtemps dans divers ouvrages, elles ont influencé beaucoup d'institutions. Si le nom seul d'*études socialistes* doit les faire proscrire, examinons-les sous le nom d'*études sociales*, illustré par les travaux de Sismondi. La prudence conseille et la justice commande de ne pas étouffer les vérités, et de ne pas laisser aux erreurs un prestige qu'accroîtrait la persécution, et que le grand jour de la discussion ferait évanouir.

Les écrivains socialistes, habitants pour la plupart des grands centres industriels, se sont trop exclusivement préoccupés des intérêts de l'industrie. La fabrique, le grand atelier, sont restés pour eux en quelque sorte un prototype social. Cette erreur a restreint la base et faussé la direction de leurs raisonnements. Car l'unité sociale élémentaire n'est pas seulement industrielle comme l'atelier, elle n'est pas purement morale comme la famille, elle n'est pas exclusivement politique comme l'État : mais elle participe à toutes ces diverses natures ; elle se rapproche de l'atelier par l'association des efforts, elle touche à la famille par la communauté des intérêts, elle s'élève à l'intelligence abstraite de la loi qui caractérise l'État. Cette unité sociale, élément constitutif de l'avenir, c'est la *commune* : réalisation naturelle de cet état de fraternité auquel aspirent en vain, par des moyens artificiels, les communautés égalitaires, les phalanstères de Fourier, les associations ouvrières et la docte école de Saint-Simon. Théories qui toutes sont comparables à des coups tirés dans une direction juste, mais dont les uns dépassent le but, les autres ne l'atteignent pas.

Le socialisme n'est point encore parvenu à présenter une doctrine complète : il est resté à l'état de tendance. Cette tendance est dirigée dans sa partie négative contre le système pragmatique de l'État, et dans sa partie affirmative elle s'efforce de lui substituer l'idée de la société dans la théorie, l'idée de la nation dans la pratique. Dès lors les socialistes donnent la main au parti radical pour l'attaque, mais ils s'en séparent décidément dans l'œuvre de réorganisation, et malheureusement ils ne sortent pas de l'utopie dans les moyens proposés. Quelques idées communes dominent cependant toutes les écoles socialistes et les relient entre elles. Ce sont les idées de l'autorité de la société sur chacun de ses membres, celle de l'association des efforts, et celle de la répartition proportionnelle des produits. La justesse de ces idées fait leur force. La suprématie de l'association et son équivalent, la souveraineté nationale, donnent une base inébranlable au principe de l'autorité. L'association des efforts est le résultat de la faiblesse des individus et du besoin des mutuels secours. La charité doit en devenir l'esprit : les rapports naturels en forment la base ; l'intérêt en est le mobile, — et l'ordre en demeure la condition. La répartition des produits, en proportion des forces utiles engagées, répond au principe de la justice.

Il est facile de prouver que la propriété, la famille et la liberté véritable reçoivent d'une doctrine semblable le plus solide appui. Aussi ne nous arrêterons-nous pas à déduire les preuves qu'un instant de réflexion fera trouver à chacun.

Dégagée des idées confuses et des scories démagogiques qui trop longtemps en ont troublé le cours, l'idée socialiste *pure*, que nous appellerons désormais l'idée sociale, n'est menaçante que pour les doctrines individualistes qui montrent à l'homme la richesse au bout des sentiers de l'égoïsme; elle n'est hostile qu'aux théories diplomatiques, selon lesquelles l'État seul est le but de l'Etat, et la société sa base subordonnée.

Aux premières, l'idée sociale oppose le dogme de la solidarité des citoyens : elle estime la richesse nationale, non pas d'après sa masse absolue, mais selon le nombre d'hommes qu'elle fait subsister, et selon la quantité de bien-être qu'elle répand : elle considère les fortunes individuelles comme des instruments de travail, et pas seulement comme des moyens de jouissances inactives. Elle démontre l'étroite corrélation entre les devoirs moraux et les succès matériels; si le paupérisme attire souvent ses regards, c'est qu'elle y trouve la démonstration des dangers que fait courir aux citoyens riches la misère des multitudes....

Aux doctrines des chancelleries, l'idée sociale répond qu'il ne suffit pas de diviser des nombres d'hommes à sa convenance et de les juxtaposer selon son bon plaisir; de briser les liens de la famille au nom de l'ordre; de violenter les relations de la propriété au nom de l'autorité, et de faire bon marché de la vie des hommes au nom de la justice! — le tout, pour constituer, défendre et élever une abstraction qui se proclame l'État, sur les débris de la société.

L'idée sociale, au contraire, voit dans l'État une forme de l'ordre public, un résultat de l'organisation paisible de la société, et dont la puissance n'a d'autre but que le maintien de toutes les libertés. Non, l'État ne peut être envisagé comme un but absolu, à la grandeur duquel tout autre intérêt doive être sacrifié ; il ne doit être qu'un moyen de garantir la liberté, l'ordre et la paix. Mais aujourd'hui l'État, c'est l'idée seule de l'autorité portée à sa plus haute puissance, et l'idée de la liberté réduite à l'état de négation. L'*État* normal, cependant, ce serait la société constituée par l'accord de la liberté et de l'autorité. L'Angleterre et la Belgique nous présentent seules la réalisation plus ou moins complète de cette idée, tandis que dans le reste de l'Europe, l'idole de l'État, foulant aux pieds la société, s'élève encore partout triomphante, quelles que soient les cérémonies de ses temples !

La lutte contre cette exagération de l'idée de l'État est la cause première des commotions récentes du continent. Les citoyens et les nations veulent reconquérir leur libre arbitre, et s'affranchir d'une tutelle trop ressemblante à l'oppression. Les peuples ont déployé au vent de la révolte les bannières des temps d'indépendance, ou bien celles de la communauté des races. On a vu ces drapeaux, tachés de sang en Pologne, lacérés par les baïonnettes en Italie, brisés par les boulets en Hongrie, et portés en Allemagne par l'émeute aux palais, par la police aux gémonies. Et qui donc a versé ce sang, manié ces baïonnettes, roulé ces canons et protégé cette police, sinon les armées, incarnations meurtrières de l'idée de l'État?

Mais, si l'armée a réellement eu le bonheur, dans certains pays, de défendre la société contre des minorités furieuses, qu'a-t-elle fait pour l'ordre moral dans d'autres? Qu'est-ce que la morale publique et la liberté ont gagné, comment l'idée de l'autorité a-t-elle été raffermie, lorsqu'en Italie, en Hongrie, en Pologne, en Allemagne, l'on a traité de crime l'amour de l'antique patrie, de scélératesse l'attachement aux vieilles formes de l'autorité; lorsque les règlements de la police ont été mis au-dessus des lois sacrées de la famille, lorsque des trônes, des gouvernements, des aristocraties ont été brisés par ceux qui se disent les défenseurs des trônes, des gouvernements et des formes sociales établies? N'y aurait-il donc plus que deux révolutions en présence, la révolution par la tyrannie et la révolution par l'anarchie? Et alors peut-on reprocher à la société de vouloir s'affranchir de toutes deux, pour fonder d'abord un nouvel instrument organisateur, et puis pour se réorganiser elle-même sur la base de ses intérêts constitutifs, en place des lois de la superstition politique?

Mais, si l'idée sociale tend en dernière analyse à affranchir d'abord, à reconstituer ensuite les éléments sociaux, opprimés tantôt par la conquête, tantôt par une excessive centralisation, d'où provient la défaveur qui flétrit le socialisme aujourd'hui?

Elle provient des écarts auxquels se sont laissé entraîner les diverses écoles, ensuite de l'hypocrisie des factions, enfin de la haine qu'inspire nécessairement la doctrine de la souveraineté sociale aux hommes dont l'existence s'est élevée à l'abri de la souveraineté de l'État. Quant aux deux premiers points, il convient de distinguer le socialisme philosophique inspiré par l'idée sociale, du socialisme industriel qui ne comprend cette idée qu'à demi, et du socialisme émeutier qui n'y voit qu'un déguisement pour la bataille. Le premier recherche, par la pensée et l'étude, quelles sont les conditions et les lois du bien-être général, sans se préoccuper exclusivement ni de la production des richesses, comme les économistes de la vieille école, ni de la puissance politique, comme les hommes d'État. Il s'efforce, par l'observation des causes et la déduction des effets, d'arriver au type parfait de l'État social, à l'utopie logique, sauf à admettre toutes les modifications nécessaires. Il veut tracer ainsi les bases raisonnées du mouvement progressif de l'avenir, et non pas le cadre d'une législation immédiatement applicable. Étudier les lois naturelles de l'ordre social, sonder le courant des nécessités imminentes, démontrer les dangers qui menacent la société si elle néglige d'ouvrir un lit paisible au torrent, analyser les moyens de prévenir ses dévastations, — tel est le caractère d'une école dont se rapprochent, à leur insu peut-être, beaucoup d'économistes et quelques hommes publics.

Le socialisme industriel, touchant à l'école sociale par quelques études, à la faction par des entraînements vers la révolte, trop confus pour se joindre à celle-là, trop honnête pour se donner à l'autre, se débat dans toutes les inconséquences d'un faux principe, et se voit forcé à tout instant de recourir à la violence pour trancher les absurdités qui l'enlacent. La fabrique, organisation factice, lui semble un type social; par conséquent toutes ses déductions sont erronées, et ses projets restent aussi vagues dans la conception qu'incertains dans la pratique.

Le socialisme émeutier n'est qu'une sanglante hypocrisie : criminelle, parce qu'elle excite à la violence; méprisable, parce qu'elle emploie le mensonge. Si la science sociale a droit à l'estime parce qu'elle cherche la vérité, tout en respectant l'ordre actuel; si le socialisme industriel mérite quelque indulgence lorsque ses efforts tendent sincèrement à l'amélioration du sort de l'ouvrier, certes aucune flétrissure n'est trop forte pour le socialisme émeutier, qui ment au peuple pour l'asservir.

L'école sociale, alliée bientôt à la savante phalange des économistes, est la seule dont l'avenir soit assuré. Renonçant complétement aux théories des associations factices, elle prendra pour bases les associations naturelles entre citoyens, qui sont bien plus importantes que les associations fortuites entre ouvriers. Le problème social trouvera sa solution dans la commune, et la révolution y trouvera son terme.

Mais ce jour peut-il poindre bientôt?

Pour réaliser l'idée sociale, il faut que l'ordre s'établisse en vertu de l'organisation de la société tout entière, et non pas seulement à l'aide de l'organisation des pouvoirs. L'autorité souveraine serait alors la raison publique éclairée par la révélation. La justice serait reconnue la règle de la prudence. La logique aurait détruit la superstition politique et l'idolâtrie de l'État aurait disparu. Mais comment espérer que le sens public puisse gouverner et instituer les gouvernements, tant que les nations n'auront pas atteint la plénitude de leurs facultés! Comment pourraient-elles l'atteindre, si une ombrageuse tutelle les condamne longtemps encore à l'inactivité.

Peut-être les générations contemporaines ont-elles pour mission d'user toutes les illusions politiques, et de les rejeter dans leur néant, chacune à mesure qu'elles se produisent!... Peut-être sont-elles appelées à allumer les flambeaux des grandes vérités, et comme les coureurs de Lucrèce (1), à les transmettre aux générations qui fouleront nos cendres! Un jour viendra que les idées animeront les mœurs d'un esprit plus fraternel; l'émulation aura remplacé la concurrence... La douceur des coutumes inspirera la législation, et la science fondera les constitutions des peuples. Mais les choses humaines doivent suivre la loi de leur développement: les idées deviennent peu à peu des opinions, et elles s'emparent des mœurs; bientôt elles passent dans les institutions, elles modifient l'état social, et le sens public les inscrit dans le code politique. Il les protége contre la violence des minorités retardataires ou impatientes, et l'*idée* se trouve *loi*.

L'oubli de ces vérités égara plus d'une fois les socialistes, et leur fit commettre des actes qui provoquèrent l'indignation des forts et la terreur des timides. On a réprouvé l'impa-

(1) *Et quasi cursores, vitaï lampada tradunt.* — Lib. 2, v. 78.

tience des théoriciens ardents, qui prétendaient promulguer une thèse comme on promulguerait un code, et qui veulent étourdiment briser les cadres de la production, de cet intérêt vital des sociétés ! On leur a reproché avec justice une funeste insouciance, et l'oubli d'un important facteur dans les affaires pratiques, c'est-à-dire, des croyances et des habitudes. Quel que puisse être la valeur rationnelle d'une doctrine, son utilité dépend surtout de l'esprit dans lequel elle est reçue. D'ailleurs, s'écrie-t-on, que nous importe que vous promettiez pour l'avenir un accroissement prodigieux de bien-être, si vos premières mesures doivent anéantir nos capitaux et nous plonger dans la misère ? Bienfaiteurs prétentieux de l'humanité, oubliez-vous que nous aussi, nous avons droit à votre sollicitude, et que c'est avec les larmes de nos familles, et avec notre sang peut-être, que vous allez tracer le tableau problématique d'un bonheur idéal ? A ces clameurs fréquentes, il n'y a rien à répondre. La science sociale et le socialisme doivent encore rester une école, et attendre le moment de devenir un parti.

II

Mais leurs adversaires, les conservateurs de l'État, — parlons d'eux à présent.

Il nous semble qu'ils pourraient bien modérer leur colère, et, surtout réservant leur fiel pour les actes des socialistes, laisser en paix la doctrine. Ils devraient avant tout ne pas usurper le nom de conservateurs.

Qui donc a été l'aveugle instrument de la dissolution sociale? Qui donc a détruit, et les organisations produites par la fécondité des événements, et les associations formées par la libre action des hommes? Qui donc appela *liberté* la négation de la règle, et la négation des rapports *égalité?* Ne sont-ce pas ceux-là mêmes qui ont pulvérisé la société, et qui l'ont rendue aussi incapable d'obéir qu'inhabile à se gouverner? Les droits sont devenus des sources d'anarchie, et les devoirs des causes de révolte. Voilà ce qu'ont fait vos devanciers, et voilà ce que vous prétendez conserver à l'aide d'une force sans point d'appui? Peut-on gouverner la négation, peut-on conserver le néant? Sous ce masque usé de conservatisme, on vous connaît révolutionnaires individualistes qui voudriez vous reposer sur l'héritage de ruines qu'ont balayé vos pères. Mais c'est en vain. Pouvez-vous nous rendre une organisation sociale à l'aide de vos lois, arbitrairement émanées de cette abstraction que vous nommez l'État, la Monarchie, la République, l'Empire? Non. Vous ne le pouvez pas; — laissez donc à la science ses études sur les combinaisons naturelles des éléments sociaux, protégés dans leurs développements par l'autorité publique, n'importe sous quelle forme.

Il est un esprit vengeur dans l'histoire. — Cet esprit, c'est la logique. La classe moyenne a été l'instrument d'une révolution qu'elle n'avait pas commencée, et qui se trouvait ouverte par le fait même de la convocation du *tiers*. Cette révolution devait se faire dans l'intérêt de tous, mais le peuple n'y gagna rien, et la noblesse y perdit tout. La classe moyenne voulut monopoliser tous les profits. — Elle éprouve aujourd'hui les rigueurs de la révolution. Le libéralisme de la bourgeoisie, étroit et jaloux, voulut abattre les priviléges, et sa maladresse ébranla l'autorité. Sa morgue envieuse voulut anéantir la noblesse, et elle mit en péril l'idée de la famille dont la noblesse fut la plus vigoureuse expression. Sa cupidité haineuse applaudit à la ruine des antiques fortunes, et elle détruisit ainsi le prestige de la propriété. Aujourd'hui, ces prétendus conservateurs voudraient arrêter sur la pente les institutions que leurs doctrines ont déracinées, mais la force des conséquences les entraîne : — il faudrait des efforts miraculeux pour maintenir dans leurs positions chancelantes ces formes d'autorité, cette vénération de la famille, ce respect de la propriété, dont la classe moyenne a sapé les fondements dans tous les pays. Les pouvoirs affaiblis ne peuvent y suffire, le sens social peut seul sauver la société. Ce n'est pas aux classes moyennes qu'il convient d'invoquer la légalité en faveur de leurs propriétés, car les fortunes qu'elles ont bouleversées portaient des titres bien autrement consacrés par les lois et par le temps. Elles n'ont pas le droit de crier au sacrilége quand des mains audacieuses vont s'attaquer à la famille, car elles en ont elles-mêmes violé le sanctuaire pour en faire une institution. Elles ont en vérité bien mauvaise grâce à se poser comme défenseurs de l'ordre, lorsque c'est par le désordre et de constantes violations de l'autorité qu'elles sont devenues législateurs. Entendons-nous bien. Nous ne vous reprochons pas la révolution de 89 dont vous n'avez été que les instruments, mais nous vous reprochons de vouloir en arrêter le dénoûment. Vous avez tué les institutions du passé, pourquoi conserver les cadavres sur l'arène?

La révolution a été une terrible leçon pour les gouvernements qui ont éprouvé ce que coûte l'immobilité. Les conséquences sont une leçon douloureuse pour tous de ce que coûtent les révolutions.

Dans cette impuissance des classes moyennes à donner une base nouvelle pour l'ordre social qu'elles ont troublé, se manifeste d'une éclatante façon la haute justice qui préside au développement de l'humanité.

Les classes moyennes sont des classes de passage; une halte pour les familles sorties du peuple et aspirant à l'aristocratie. Ce qu'elles demandent surtout à conserver, ce ne sont pas les moyens de stabilité, mais les instruments d'élévation. Étant ainsi des classes de mouvement, désireuses en même temps de posséder et d'envahir, elles transigeront sans relâche entre la servitude et la révolte, entre la licence et la tyrannie, mais elles ne pourront fonder ni une société fortement organisée par l'esprit de famille comme la féodalité, ni une société largement basée sur la liberté comme les véritables démocraties. Aussi les voit-on tourner continuellement dans le cercle vicieux de ces compromis politiques qui, de nos jours, portent le nom de *constitutions.* On sait ce que valent ces œuvres des classes moyennes. L'histoire de la charte aux électeurs de 200 fr. est présente à toutes les mémoires, et l'observation des faits du jour montre à quel degré d'affaiblissement peut arriver une grande nation, lorsque ceux qui la dirigent se préoccupent uniquement du soin jaloux de diviser et d'équilibrer les éléments du pouvoir, tandis que la tâche de régler et de garantir le développement de la société elle-même reste complétement négligée.

Les bases des systèmes politiques ont changé, mais les vieilles impressions et les préjugés ont bien de la peine à s'effacer. Jadis, sous le régime de la souveraineté traditionnelle, le monarque pouvait dire l'*État c'est moi*, et la science du gouvernement cherchait surtout à prévenir toute union dans la nation, en maintenant la rivalité entre les corps sociaux : tantôt favorisant les municipalités contre les empiétements de l'aristocratie, tantôt s'entourant de la noblesse contre l'esprit d'indépendance des bourgeois. Les nations ne parvenaient ainsi nulle part à devenir des sociétés, et grâce à ces divisions habilement entretenues, toutes les forces se trouvèrent concentrées dans la main du pouvoir. La noblesse dut livrer ses armes aux régiments royaux, les municipalités se soumirent à l'administration royale; les citoyens de toutes les classes furent déchargés du soin de la chose publique et devinrent *sujets*. L'excès de ces tendances et leurs déviations ayant amené la révolution, le trône s'écroula. Les forces sociales, paralysées par les institutions, ne purent le soutenir, ou elles s'attaquèrent à lui, égarées par la vengeance. Alors, l'institution insurrectionnelle de la garde nationale rendit les armes à la nation, mais non plus à la même classe, ni aux mêmes conditions. La loi électorale restaura le droit d'influencer la législation, mais ce ne fut plus aux corporations que ce droit fut dévolu. Il fut reconnu aux individus, erreur grave qui enfanta l'instabilité de la législation. La conséquence de cette manière fausse de comprendre la société, fut de remettre le pouvoir à ceux qui paraissaient en plus grand nombre sur l'arène politique, — et la logique des événements devait aboutir aux agitations actuelles, du moment que le peuple fut attiré sur le même théâtre.

Mais à l'époque dont nous parlons, le peuple, c'est-à-dire la multitude qui subsiste par le travail manuel; le peuple, dis-je, à peine sorti des langes du servage, n'était rien, la noblesse en fuite, et le *tiers* put se croire *tout*, selon la fameuse définition de Siéyès. Ainsi, les classes moyennes se posèrent comme héritières des prétentions royales, — et elles adoptèrent la même politique de diviser pour régner. Seulement elles retournèrent cette maxime contre le pouvoir, dont elles ne peuvent se passer pour contenir le peuple qu'elles craignent ou méprisent. Dès lors, révolution immense dans les principes, — mais dans l'application, même tendance à l'absolutisme d'une classe, même nullité d'initiative sociale. Forcées par la continuation de la vieille politique, à subir un gouvernement peu différent de l'ancien quant à l'esprit, quels que soient ses formes et son nom, les classes moyennes se sont ingéniées toujours à affaiblir le gouvernement quand il y avait du calme, et à l'investir de la dictature quand il y avait un danger. Comme si la liberté était garantie par une autorité douteuse, comme si la liberté n'était pas illusoire quand il est permis de la suspendre !

Lisons les fastes de la Restauration, de la royauté d'Orléans, de la République nouvelle, nous retrouvons toujours une idée de défiance et d'hostilité inspirant les délibérations et les votes sur les lois organiques. Abaisser le pouvoir, et perpétuer entre ses éléments des rivalités sans dénoûment, quel but pour des législateurs! Car, disons-le nettement, les constitutions modernes sont des systèmes d'oppositions organisées entre la fraction du pouvoir qui fait les lois, et celle qui les exécute. Or, dès qu'il y a opposition, il y a litige. Dès qu'il y a litige, il faut une autorité suprême pour le juger. Cette autorité existe-t-elle en vertu des constitutions? Faut-il alors s'étonner si l'émeute envahit, et si la révolution occupe le tribunal abandonné, — comme il arriva en 1830 et en 1848?

Terribles jugements, où les écrivains de la presse sont les avocats, les masses irritées les exécuteurs, et où il n'y a de juge que le succès!

Il faut le dire, les révolutions jusqu'à ce jour n'ont été que des réactions. Elles ont oscillé vers la licence en raison directe du degré de servitude abolie: elles ont rejeté dans l'organisation des pouvoirs ces germes de discorde, et par conséquent de faiblesse, que la vieille politique avait entretenus dans le sein des nations. Celles-ci étaient divisées en classes de nobles, de bourgeois et de serfs: aujourd'hui le pouvoir est scindé en législatif et en exécutif, et ces deux éléments sont plus occupés de lutter l'un contre l'autre que de s'unir pour lutter contre les événements.

Et néanmoins pouvait-il en arriver autrement? Tout phénomène historique n'est-il pas un produit logique, une conséquence absolue des faits antérieurs? S'il est une vérité démontrée par l'histoire, c'est le principe que plus la société se sent faible et désorganisée, plus elle méconnaît l'importance de l'autorité : elle se montre alors ombrageuse, craintive, jalouse de toute force à laquelle elle se sent incapable de résister. Est-elle au contraire fortement constituée, elle voudra donner de la force à son gouvernement. En ce moment encore, la société, dénuée de toute vigueur d'initiative, dirai-je énervée par la centralisation, ne sent en soi aucune énergie pour repousser l'oppression, si ce n'est par la révolte, qui l'effraie. Elle veut donc rendre la tyrannie impossible par l'affaiblissement des pouvoirs. Fatale erreur qui retient la société sur le terrain stérile de la négation !

Heureusement, une crise pareille ne saurait durer. Les révolutions finiront par rendre les révolutions impossibles. La société commence à se convaincre que si l'opposition des classes entre elles était funeste, l'opposition des éléments du pouvoir entre eux ne l'est pas moins. Si l'une était compatible avec une apparence d'ordre, la sécurité tenant lieu de liberté, la seconde ne peut ni maintenir l'ordre ni garantir la liberté ; car l'ordre est la condition de la liberté : sans l'ordre, on n'a qu'une perpétuelle succession de tyrannies qui changent de main. Or qui dit ordre, dit paix, dit harmonie; et la discorde dans le gouvernement ne peut donner la paix à la nation.

La société voit bien aussi qu'il faut détruire le fatal antagonisme entre elle-même et son gouvernement, c'est-à-dire qu'il faut cesser d'abstraire le pouvoir et de l'envisager comme un corps placé en face de la nation, dominant son énergie sans prendre part à ses intérêts. L'omnipotence de l'Etat doit cesser de régir nos destinées. Les nations étant près de devenir des sociétés unies, il faut que les gouvernements deviennent des pouvoirs sociaux. Il faut que l'organisation de la nation devienne forte, homogène, résultat des combinaisons les plus simples entre des éléments constitutifs. Il faut que l'organisation du gouvernement découle naturellement de l'organisation de la nation, et que toutes les deux soient régies par le principe du droit nouveau, celui de la souveraineté de l'opinion nationale.

III

Les idées précédemment exposées sont-elles vraies dans la théorie? sont-elles applicables dans la pratique?

Nous croyons sincèrement à leur vérité, et nous examinerons sommairement si leur réalisation est aussi facile qu'elle est nécessaire. Ces idées ne sont pas nouvelles; et nommément en France, dans ce vaste laboratoire de la pensée humaine, elles se font jour par les tendances vers la décentralisation. Tandis que les relations internationales tendent à une fusion, les organisations élémentaires des nations cherchent à s'affranchir d'une tutelle jalouse. L'Europe veut former une société, au lieu de rester une *expression géographique*. Or une société ne peut se former que par le libre consentement de ses membres: par conséquent, les nations doivent être libres de suivre les conditions naturelles de leurs développements. Mais le tout ne saurait agir avec indépendance si les parties restent asservies.

Ainsi, pour la liberté des nations, il faut que leurs éléments constitutifs soient affranchis de toute entrave imposée. Il faut assurer à chacun la possibilité de perfectionner ses facultés utiles ; et c'est là ce qui constitue la liberté. Il faut en même temps que les facultés des uns ne se développent pas au détriment de celles des autres ; et cette harmonie des libertés se nomme l'ordre, sauvegardé par l'autorité.

Or quels sont les éléments constitutifs des nations ? D'accord avec beaucoup d'écrivains illustres, et pénétré nous-même de leurs raisons, nous souscrivons à la déclaration fondamentale de la charte communale (1) de l'Autriche, lorsqu'elle reconnaît « la commune libre comme élément fondamental de la société politique (2). »

Mais une loi qui règle l'organisation des communes n'est pas encore un système qui garantirait leur liberté d'action. La commune n'est pas seulement l'élément fondamental, elle doit être encore l'élément constituant de

(1) Loi communale du 17 mars 1849, art. 1er.

(2) C'est ainsi que nous comprenons les mots *der freie staat.*

la société politique. Tel est l'axiome qui caractérise le système communal, seul système qui pourra résoudre un jour le problème de réconcilier la liberté avec l'ordre. « Car tout » le monde convient que l'esprit communal » est un grand élément d'ordre et de tran» quillité publique; mais ils ne savent com» ment le produire (1). »

En effet, ce système est aussi difficile à introduire dans notre état social, qu'il paraît simple et d'une application aisée tant qu'on reste dans les dispositions générales. Quoi de plus naturel que d'inviter chaque *commune* à élire dans son sein un conseil communal composé, par exemple, de deux membres pour cent électeurs, et qui nommerait un comité moins nombreux d'hommes de confiance (*select men*) pour diriger l'administration? Quoi de plus juste que de faire concourir à l'élection et d'admettre à l'éligibilité tous les *citoyens actifs* de la commune? Enfin, quoi de plus conséquent que de charger le conseil communal, ces hommes de confiance de la

(1) *De la démocratie*, chap. V.

population, d'élire la représentation nationale au nom de la commune?

Passons-nous à l'association des communes? Nous trouvons les départements, unités secondaires et complexes, s'appuyant davantage sur l'idée de l'ordre, comme les communes sont appuyées davantage sur le besoin de la liberté. Arbitrairement définis peut-être dans l'origine, ces corps politiques ont été consacrés par le temps et sont devenus des éléments intégrants de l'existence nationale. Ils servent à rapprocher les communes de la pensée nationale, à simplifier l'action du gouvernement sur les éléments de la nation, et à faciliter les rapports de ceux-ci avec le pouvoir central. Rien de plus juste que de donner aux départements des conseils généraux issus du vote des conseils de communes.

Pour resserrer le lien national entre tous les départements et entre toutes les communes, une assemblée nationale est indispensable. Elle doit se composer de la représentation de tous les intérêts nationaux. Ces grands intérêts ont leur source dans les trois grands et éternels principes de toute société: Le principe de liberté, qui s'exprime par l'organisation de la commune. Le principe d'ordre, qui résulte de l'harmonie des libertés locales, se produit par leur association et se manifeste dans l'organisation du département. Enfin, le principe d'unité et de concorde nationale, qui garantit le développement de toutes les facultés utiles et leur harmonie, et s'élève à l'idée de l'autorité. De là nécessité de trois chambres, l'une élue par les conseils communaux, l'autre élue par les conseils généraux, la troisième faisant fonction de conseil d'État, et nommée par les deux autres chambres réunies. Mais ces trois grands intérêts ne divisent pas la nation : ils s'expriment à différents degrés d'intensité dans les trois éléments de l'organisation sociale; mais ils se retrouvent tous les trois dans chacun. Ni la commune ne saurait être libre sans l'ordre et l'autorité; ni le département ne peut exister avec la seule idée de l'ordre; ni enfin l'autorité n'a de but, sinon de maintenir l'ordre en protégeant les libertés. Par conséquent, les intérêts ne divisant pas la nation, leurs représentations ne doivent pas diviser l'assemblée, et, quels que soient les règlements pour les discussions préparatoires, toujours faut-il la réunion des trois chambres pour la discussion définitive et pour le vote.

Quant à l'autorité *exécutive*, son origine et ses formes peuvent être différentes ; en réalité, elle sera toujours et partout monarchique. Toujours une individualité en imposera aux autres, si l'autorité est aux mains de plusieurs. Les énergies ne peuvent être égales à côté l'une de l'autre. Il n'y aura jamais plus d'un chef véritable du pouvoir, soit que ses fonctions lui soient dévolues par l'hérédité ou l'élection, à vie ou à terme, avec ou sans collègues de nom. Ces questions ne sont pas de notre ressort en ce moment. Il suffit d'établir que la force de l'autorité sera toujours aux mains d'un seul.

Mais cet agent suprême de l'ordre a besoin d'agents et de ministres. Pour rendre plus intime l'unité dans le gouvernement et la concorde entre tous les pouvoirs chargés de diriger et de servir la nation, il faut que ces agents soient comme l'assemblée, consacrés par le choix public. On obtiendra cette harmonie dès que le chef du pouvoir sera tenu de nommer, au sein du conseil d'État, les ministres et les directeurs généraux ; au sein des conseils départementaux, les préfets ; au sein des conseils communaux, les maires. Ainsi, le gouvernement tout entier, comprenant l'assemblée nationale et le pouvoir exécutif, serait issu d'une même source, d'un même principe, par un mode uniforme : la commune étant la source, la souveraineté de l'opinion étant le principe, et l'élection étant le mode.

Ce système, si simple au premier coup d'œil, devient assez compliqué dans l'application pour nous ôter l'espérance de le voir établi prochainement.

En effet, on aurait convaincu tous les opposants que la commune doit être l'élément constituant de la société politique, il resterait encore à résoudre deux importantes questions : *Qu'est-ce que la commune? Qu'est-ce qui détermine la qualité de citoyen actif?* Tant que ces questions n'auront pas été tranchées, et leur solution acceptée par le sens public, non seulement le système communal dans son ensemble restera une utopie, mais la bonne organisation des communes elles-mêmes restera une impossibilité. Or les complications de ces deux problèmes sont aussi évidentes que difficiles à éclaircir suffisamment. Nous nous bornerons à les indiquer.

Premièrement, que faut-il entendre par une commune? La commune de Paris avec près de un million d'habitants répond-elle à la même idée que chacune des 36,150 communes dont les populations ne s'élèvent pas à 3,000 âmes? Est-il possible de donner à l'une et aux autres une organisation uniforme? Peut-on leur appliquer également la règle, que la commune doit être « assez peu étendue pour » que tous les habitants aient à peu près les » mêmes intérêts, et être assez peuplée pour » qu'on soit toujours sûr de trouver dans son sein » les éléments d'une bonne administration? » règle que M. de Tocqueville applique aux communes américaines de 2,000 à 3,000 habitants (chap. V). Et les dispositions qui fixent pour les communes de diverse importance des rapports différents entre le nombre des élus et celui des électeurs, sont-elles autre chose que des expédients dictés par la nécessité, mais par cette raison même privés de consistance?

Il faut le reconnaître, aujourd'hui l'idée de la commune repose uniquement sur la tradition géographique, dans nos pays d'Europe. Les grands centres de population se sont formés par la suite des temps autour d'une ancienne commune, et en ont conservé le nom après en avoir changé la nature.

La définition de M. de Tocqueville présente une idée claire de ce que *doit être* la commune ; mais cette idée s'est dénaturée ; elle ne se reproduit que dans les petites communes où *l'esprit de clocher* en reste l'énergique expression, faussée néanmoins et rabaissée à de misérables proportions par la torpeur à laquelle la souveraineté de l'État a condamné les communes. Appelé à l'activité, l'esprit communal reprendrait bientôt toute sa vigueur.

Considérant que les neuf dixièmes de la France se composent de communes au-dessous de 10,000 âmes, tandis qu'un dixième seulement est composé des villes ayant plus de 10,000 habitants, il n'y aurait assurément pas de difficultés à régler séparément les organisations *urbaines* et les organisations *communales*. On classerait alors parmi les premières 119 villes ayant plus de 10,000 habitants chacune, et formant collectivement une masse de 3,764,200 habitants, et, parmi les secondes, 37,133 communes au-dessous de 10,000 habitants, et donnant en somme une population de 29,776,800 âmes. Mais une semblable division ne serait encore qu'un expédient.

La solution du second problème, touchant la qualité de citoyen actif, rendrait sans aucun doute la solution du premier plus aisée. Car c'est le trop grand nombre des électeurs qui entrave l'établissement des institutions communales dans les grandes villes, et non pas le chiffre des habitants. Ainsi, dans une commune de 1,500 *citoyens actifs*, un conseil communal de deux pour cent ne compterait que trente membres appelés à nommer les comités d'administration de la commune, et à élire le conseil général, ainsi que la députation. Tandis qu'une commune de 10,000 *habitants* jouissant du droit de suffrage universel direct aurait un conseil municipal de deux cents membres ! Aussi cette seconde question est-elle de la plus haute importance, et nous la traiterons sincèrement sans craindre de heurter les *superstitions révolutionnaires*.

Quelles doivent être les conditions sociales qui déterminent la qualité de citoyen appelé aux fonctions communales ? Est-ce le simple fait du domicile ? Alors donc la qualité de citoyen, signe caractéristique de l'état social civilisé, se trouverait confondue avec la nature extérieure de l'homme. Qu'importe alors le degré d'intelligence, et par conséquent de liberté morale ? qu'importe la mesure d'indépendance de l'individu ? Pourvu qu'il appartienne à la même *espèce* d'êtres vivants, et qu'il soit *indigène*, il sera classé dans le *genre* citoyen et appelé à remplir des fonctions égales avec ceux dont le distingue l'inégalité des facultés ?

Les fonctions civiques seront-elles attachées à un certain degré de participation aux charges foncières ? Mais c'est faire absorber la personnalité par la propriété. Dès lors la richesse tient lieu de capacité et de vertu ; la pauvreté signifie : Néant moral.

Faut-il revenir aux institutions primitives, qui se conservent encore dans les villages de la Russie (1), et d'après lesquelles il faut être à la tête d'une famille pour obtenir voix dans la commune ? Du moins y a-t-il un principe vénérable dans le sentiment, qui n'admet aucun genre d'égalité entre le fils, qui doit obéissance, et le père, qui exige le respect, en vertu de la loi divine; cette égalité ne pouvant être acquise qu'en devenant chef de famille à son tour. Une loi pareille s'appuierait d'ailleurs sur un fait social et réel, et elle est d'autant plus logique que les familles sont les unités constitutives des communes, de même que les communes le sont pour la nation. Or, *sous un régime de liberté, tout principe constitutif d'une certaine organisation doit nécessairement en devenir le principe constituant.*

Cependant un système pareil, admirable pour les sociétés primitives, n'est plus applicable aux peuples que la concentration du prolétariat dans quelques vastes foyers de

(1) Haxthausen, *Voyage en Russie*, chap. V.

production a fait sortir des combinaisons normales. Peut-être, lorsque les réseaux des voies rapides auront couvert les pays, la société pourra-t-elle rétablir les rapports naturels, en décentralisant la production et en concentrant les marchés.... Une autre objection se présente encore, celle que, suivant la loi patriarcale, tout homme non marié étant exclu des fonctions communales, il y aurait là un empiétement sur la liberté de l'individu et un détriment fréquent pour la cause publique.

Nous arrivons à un dernier système qui reconnaît la qualification de citoyen actif exclusivement à ceux qui disposent librement de leur travail. Quant à ceux qui mettent leurs bras à la disposition d'autrui pour un salaire, et qui renoncent ainsi aux fonctions de la volonté et de la réflexion, ceux-là seraient exclus des fonctions électorales, quoique l'éligibilité ne devrait être soumise à aucune autre condition qu'à la confiance des électeurs, c'est-à-dire à leur opinion. Les partisans de ce système disent, non sans quelque apparence de raison, que l'indépendance de la volonté et la maturité du jugement sont les conditions principales de l'électorat; mais quant à l'éligibilité, ils soutiennent qu'en vertu du principe de la souveraineté de l'opinion, il ne peut être posé de bornes à la liberté de l'élection, si ce n'est l'incapacité morale des candidats. Ils comparent à l'esclavage, ils regardent en quelque sorte comme une mort civile cette cession de leurs personnes que font pour un temps plus ou moins long les journaliers, les domestiques, les fonctionnaires et les soldats. Ils considèrent ces conclusions, tout en les déplorant, comme un résultat logique des lois illogiques de la société industrielle; et tant que le principe de l'association n'aura pas remplacé le système actuel, ils doivent penser que l'indépendance du travail journalier est l'unique garant de l'indépendance politique. Par conséquent, ils pensent que les fonctions électorales et la qualité de citoyen actif dans la commune doivent être attachées à la possession d'un fond de production suffisant pour garantir, non pas l'absence de la fatigue, mais la libre action du travail (1). Afin d'exprimer cette idée plus

(1) Comparer la loi électorale prussienne de 1848.

précisément, nous dirons que le travail libre a pour symptôme la vente de l'objet produit, et non la vente des facultés ouvrières. Il y a une différence bien marquée entre l'ouvrier qui s'engage à travailler pendant une journée sous la direction et dans l'atelier du maître, et celui qui se charge de livrer un produit de son travail appliqué à ses matières premières, au bout d'un temps donné.

Mais, avant de formuler une semblable loi, quelles discussions économiques à résoudre! que de préjugés à vaincre! quels changements à désirer dans les questions de travail, et quelles réformes à faire dans les institutions! Avant tout, il faudrait inscrire en tête du droit public le principe (1):

« Point de droits sans devoirs, point de devoirs sans droits. »

Alors tous ceux que l'impossibilité de subsister en restant maîtres de leur personne aurait privés des droits devraient être libérés des devoirs civiques ; libérés, dis-je, de l'im-

(1) Dupont de Nemours, *De l'origine d'une science nouvelle*, § 1er.

pôt d'argent, de l'impôt des prestations et de l'impôt du sang.

Eût-on résolu ces graves et difficiles questions par la théorie, on rencontrerait encore d'immenses obstacles dans l'application, et le système communal sans toutes ces réformes ne saurait devenir une vérité.

Cependant ces difficultés ne nous découragent pas. Partisans déclarés du système communal que nous voyons fonctionner en Belgique, en Angleterre, aux États-Unis, avec d'autant plus de succès que son organisation est plus complète, nous croyons que même avec beaucoup d'imperfections, il vaut mieux contre l'agitation révolutionnaire que le vieil ordre de choses qui croule de toutes parts. Nous sommes convaincus que ni les gouvernements, ni les publicistes ne seront en état de formuler *à priori* un bon système communal. Les communes elles-mêmes, prenant pour point de départ une organisation provisoire, pourront seules concilier les principes absolus avec les intérêts existants. Nous avons retrouvé cette vérité, du moins indiquée, dans l'exposé des motifs de la nouvelle loi communale de l'Autriche. On ne saurait le répéter trop souvent, le sens social peut seul régénérer la société. Les savants peuvent analyser les institutions, les pouvoirs peuvent en modifier les résultats, mais la société seule peut fournir leurs principes constituants ; seule elle a l'instinct de sa destinée.

Aujourd'hui, partout l'idée communale se manifeste, ici par les tendances vagues du socialisme, là par des aspirations vers la république, autre part encore par des tentatives constitutionnelles démocratiques. Mais l'association que veut inventer le socialisme se trouve dans la commune ; et quant à la république, nous souscrivons à l'opinion « qu'on » ne républicanisera une société que par l'or- » ganisation vraiment républicaine des com- » munes (1). » Nous citerons encore la phrase du *Westminster Review* (janvier 1849) : « Que » l'association est la meilleure forme d'orga- » nisation politique. » — Or l'association primitive, c'est la commune.

Le système communal pourra seul accom-

(1) *Revue britannique*, juillet 1849, p. 197.

plir l'œuvre d'organisation de la démocratie. « Dans la commune, comme partout ailleurs, » le peuple est la source des pouvoirs sociaux, » mais nulle part il n'exerce sa puissance » plus immédiatement (1). » Hors de la commune, séparé des lieux de sa demeure, de l'arène de son travail, du cimetière de ses pères, et de l'église où ses enfants ont reçu le baptême, que devient le peuple? Une idée abstraite comme l'État, une fantasmagorie sociale à l'usage des jongleurs politiques, un être insaisissable, introuvable, sans formes et sans couleurs définies. Le peuple, c'est la foule qui m'obéit, dit l'État. — Le peuple, c'est l'émeute qui hurle à notre suite, disent les factieux. — C'est la canaille des va-nu-pieds. — Ce sont les mendiants. — Non, tout le monde : voilà le peuple. — Et dans ce vague tumulte de définitions contradictoires, comment concevoir ce qui est le peuple; où le rencontrer, où l'étudier, comment le servir?

Sous le point de vue industriel, on a défini avec raison le peuple comme étant composé

(1) *De la démocratie*, chap. V.

de tous ceux qui subsistent par le travail musculaire : mais au point de vue politique, ce ne peut être là ce qu'on entend par *peuple*. Si l'on interroge consciencieusement l'antiquité qui nous a légué des mots sans nous en préciser le sens, on se convainc que le peuple (*démos*, *populus*) était pris dans l'acception de commune. Le peuple de Rome, le *démos* d'Athènes, celui de Sparte, étaient certainement les *citoyens actifs* des communes de Rome, de Sparte et d'Athènes. Les tribuns du peuple étaient les organes de la commune, comme le sénat fut le représentant de l'État. Le mot *démocratie* signifiait donc, dans l'antiquité, l'autocratie de la commune, en opposition avec l'oligarchie, ou la monarchie, sous lesquelles la commune se trouvait en dehors de toute influence sur ses affaires. La langue anglaise se sert, dans la même acception, du terme *self-government*, gestion plutôt que gouvernement de la chose publique par les citoyens. Car gouverner et administrer (1) sont deux actes très distincts, comme le remarque avec beaucoup

(1) *De la démocratie*, chap. V, *Décentralisation*.

de justesse M. de Tocqueville, dans le profond ouvrage que nous consultons sans cesse comme un manuel des libertés communales. On *gouverne* quand on dirige les intérêts communs à toute la nation : on *administre* quand on dirige les intérêts locaux d'accord avec la pensée nationale. — Gouverner directement n'est donc pas du ressort des communes, qui ne connaissent que leurs intérêts locaux : elles ne peuvent y prendre part que par leurs hommes de confiance. Administrer au contraire directement, ne doit pas être une attribution du gouvernement, car il ne peut saisir qu'en bloc les intérêts des localités. Par conséquent, l'administration doit être remise aux communes assistées par un délégué du pouvoir qui leur en fait connaître la pensée ; tandis que le soin de gouverner est nécessairement confié à l'ensemble des pouvoirs qui constituent le gouvernement du pays.

Ainsi, on voit fort bien la simplicité de la théorie communale ; cependant, si l'on essaie de l'exprimer par un projet de loi pratique, on se heurte avec des conclusions très logiques contre les faits très peu logiques de notre organisation actuelle. Mais au-dessus de la logique théorétique est la logique des intérêts. Celle-ci condamne avec justice la doctrine abstraite, qui préférerait perdre la société que de modifier un argument. De même, au point de vue absolu, quoi de plus insensé que de nourrir un homme avec des poisons! et cependant quoi de plus logique dans certains cas que le régime de l'homœopathie? Notre société est en vérité très comparable à un malade: il faut donc lui appliquer les théories avec ménagement, et ne s'arrêter qu'à celles qui vont à la situation.

Est-ce à dire que nous regardons le système communal comme un Eldorado romanesque auquel il serait inutile de songer? Bien au contraire, c'est bien là le but vers lequel tendent toutes les facultés sociales instinctivement, et qu'il faut garder en vue à chaque réforme; seulement il est nécessaire de se garantir de toute précipitation. La société, on l'a dit spirituellement, ne doit pas mettre au monde son organisation nouvelle par une opération césarienne. Les idées, les mœurs, les intérêts et la toute-puissante opinion doivent frayer le chemin à la législation. D'ailleurs les impatiences n'aboutiraient qu'à des déceptions : l'opposition des intérêts est invincible, tant qu'ils n'ont pas mûri pour la réforme.

C'est ainsi que la Providence ménage la fortune sociale, en rendant les changements subits impossibles. L'histoire le démontre à qui sait la comprendre.

A la fin de cet essai, on est en droit de nous demander une conclusion pratique. La voici en peu de mots.

Accoutumez-vous à voir dans le système communal le dénoûment de la crise révolutionnaire. Etudiez-en les principes, répandez-en la connaissance, tâchez d'en résoudre les problèmes.

Considérez la décentralisation administrative comme le seul moyen certain de rendre salutaire, forte et harmonique la centralisation gouvernementale, et infaillible la reconstitution de la société. Persuadez-vous que le système communal pourra seul assurer le triomphe de la véritable démocratie. Que tous vos efforts tendent donc à décentraliser l'administration.

Mais gardez-vous d'affaiblir le gouvernement, cet instrument organisateur de la société : au contraire, extirpez les antagonismes que des idées fausses ont cultivés dans son sein ; donnez de l'unité à ses éléments ; affermissez l'union entre lui et la nation. Alors la société ne redoutera jamais que l'instrument de sa prospérité soit trop fort.

Seulement, ayez soin que le *moyen* ne veuille se poser comme un *but*.

Le gouvernement doit assurer le développement de la société, et non pas sacrifier celle-ci à des prétentions absolues.

Pour obtenir ces résultats, vous avez les organes représentatifs, les conseils généraux, la presse et la parole. Il n'en faudra jamais d'autres.

UTOPIE COMMUNALE.

POUVOIRS ADMINISTRATIFS.

Les communes sont composées de citoyens actifs et de simples citoyens.

L'indépendance morale est la première condition de l'activité politique, qui consiste à administrer directement les affaires de la commune, ou à faire choix de ceux auxquels cette administration doit être confiée.

La garantie la plus vraisemblable de l'indépendance morale (1) est l'indépendance matérielle, c'est-à-dire la faculté de travailler sans surveillant et sans maître. Cette faculté n'est assurée que par la possession d'un fonds de production suffisant pour conserver la libre action de ses forces, ou bien par la possession d'une valeur équivalente. Voilà les citoyens actifs de la commune.

Les simples citoyens sont tous ceux qui ont

(1) *Selbststandigkeit*, en Prusse.

aliéné leur indépendance d'action, ou qui ne peuvent en faire preuve. Les prolétaires et les soldats, les fonctionnaires et les prêtres, et ceux dont la religion est en même temps un code politique, sont compris dans cette catégorie.

Parmi les simples citoyens, ceux qui ne possèdent pas de fonds de production suffisant ne sont soumis à aucune charge publique : ils restent libérés de tout impôt, de toutes prestations et du service sous les armes. Ils ont la disposition illimitée de leur temps et de leurs forces ; car un des buts principaux d'une société bien organisée est de faciliter aux prolétaires l'acquisition des fonds de production par la mise en valeur de leurs facultés ouvrières. A cet effet, et pour étendre le marché du travail, le remplacement militaire est autorisé.

Les citoyens actifs sont seuls électeurs dans la commune.

L'éligibilité est soumise à la seule condition d'être citoyen domicilié dans la commune.

Les citoyens actifs de la commune élisent un conseil communal chargé :

1° D'administrer les affaires locales et la justice de paix. A cet effet, le conseil nomme des comités spéciaux;

2° De voter pour l'élection du conseil général du département;

3° De voter pour l'élection des représentants des communes à l'Assemblée nationale.

Le maire est nommé par le chef du gouvernement, au sein du conseil communal, pour un an.

Un sixième du conseil communal est annuellement soumis à la réélection.

Le maire est payé par le trésor public pour émoluments et frais de mairie. Il peut être suspendu par le préfet, qui désigne alors son suppléant au sein du conseil communal.

Les fonctions de conseiller communal sont gratuites; cependant le conseil peut voter des subventions sur les fonds de la commune aux membres des comités spéciaux.

L'administration départementale est gérée par des conseils généraux élus par les conseils communaux, et composés de deux membres par canton électoral. Pour pouvoir être élu, il faut être citoyen domicilié dans le département.

Le conseil général a les fonctions suivantes :

1° Administrer les affaires départementales par des comités subventionnés sur les fonds du département ;

2° Elire les représentants du département à l'Assemblée nationale.

Le préfet est nommé par le chef du gouvernement pour deux ans, au sein du conseil général. Les maires lui sont subordonnés. Le préfet désigne un maire par canton pour faire office de sous-préfet, et pour présider aux élections pour le conseil général.

Un tiers du conseil général est soumis tous les deux ans à la réélection.

Les fonctions de conseiller général sont gratuites.

En général : 1° Les préfets et les maires ont le droit d'organiser leurs bureaux à leur convenance. Le choix de leurs auxiliaires (1) et le traitement que ceux-ci reçoivent dépendent complétement de ces fonctionnaires. Leur responsabilité politique couvre celle des subordonnés. Les traitements accordés aux pré-

(1) E. de Girardin, *Le gouvernement le plus simple.*

fets et aux maires sont calculés de façon à leur fournir les moyens de solder leurs bureaux.

2° Les rapports entre le nombre des électeurs et celui des élus dans les différentes élections ne sauraient être déterminés *à priori*, tant que la circonscription de la commune n'aura pas été réglée relativement à son étendue.

3° Les questions de compétence des conseils communaux et des conseils généraux sont décidées par l'Assemblée nationale. Les questions de qualification des citoyens sont portées devant le comité judiciaire de la commune, sauf appel aux tribunaux ordinaires.

4° Les seuls fonctionnaires administratifs nommés par le gouvernement sont les préfets et les maires. Leurs agents subalternes sont considérés comme des auxiliaires personnels qu'ils se donnent, et dont l'importance est d'autant moins grande, que les préfets et les maires sont simplement les organes de communication entre le pouvoir gouvernemental et les corps administratifs.

LE GOUVERNEMENT.

Le gouvernement comprend l'ensemble des pouvoirs qui maintiennent l'harmonie entre les libertés des communes. Il se compose : 1° du chef du gouvernement que la souveraineté de l'opinion soutient comme représentant le principe d'autorité ; 2° et de l'Assemblée nationale élue par la confiance des citoyens, et qui représente les différents intérêts de la nation, savoir : l'intérêt local par la chambre des communes, le principe d'association politique par la chambre des départements, l'idée d'unité nationale par le conseil de gouvernement.

Le chef du gouvernement est chargé des fonctions du pouvoir exécutif (art, 63, 64, 65, 66, 67, 68, 69, 74, 76, constitution de Belgique). La force armée est sous son commandement ; les relations diplomatiques sont sous sa direction. Responsable devant l'opinion nationale de l'emploi de l'une et des résultats des secondes, la nomination des agents militaires et diplomatiques est à sa disposition.

La liste civile est fixée par l'Assemblée nationale.

Le chef du gouvernement représente le principe d'autorité. Ce principe, sans l'idée de stabilité, reste incomplet. Or la stabilité a pour forme la plus naturelle : l'hérédité. Plus l'autorité est fortement assise, plus franchement pourra se développer la liberté. Ces deux principes sont d'une égale importance. Rendre l'autorité dépendante de l'élection, qui est une des manifestations de la liberté, c'est détruire cette égalité, et ouvrir la porte aux troubles : c'est pourquoi nous penchons décidément pour le pouvoir héréditaire.

L'Assemblée nationale est composée de la réunion des trois chambres :

1° Chambre des communes élue par les conseils communaux;

2° Chambre des départements élue par les conseils généraux;

3° Conseil de gouvernement élu par les deux autres chambres réunies.

L'éligibilité pour toutes les trois chambres n'est soumise qu'à la condition d'être citoyen domicilié dans le territoire national.

L'Assemblée siége en permanence par des comités auprès des différents ministères. Elle se réunit de plein droit chaque année pour au moins quarante jours. Son président est désigné annuellement par le chef du gouvernement, parmi les présidents et vice-présidents de la première et seconde chambre.

Chacun des membres de chacune des trois chambres a le droit d'initiative aux séances de l'Assemblée réunie, pourvu qu'un autre membre seconde la proposition. Si l'Assemblée a voté la prise en considération, chacune des chambres discute séparément la proposition, et passe au vote préparatoire. La question passe ensuite devant l'Assemblée réunie. La majorité et la minorité de chacune des chambres nomment leurs orateurs pour la discussion générale, qui n'a par conséquent lieu qu'entre six membres. Le vote définitif se fait au scrutin secret de toute l'Assemblée.

Détails. — 1° La chambre des communes désigne un sixième de ses membres annuellement pour la réélection. Elle nomme annuellement son bureau. Les fonctions de représentant ne tombent pas à la charge du trésor public, les électeurs ayant la faculté, et non pas l'obligation de voter à leurs représentants des subventions sur les fonds de la commune.

2° La chambre des départements désigne un tiers de ses membres tous les deux ans pour la réélection. Elle nomme son bureau tous les deux ans. Les fonctions de représentant sont gratuites, sauf les subventions votées par les électeurs sur les fonds du département.

3° Le conseil de gouvernement est élu par les deux premières chambres réunies en comité électoral, sous la présidence du représentant le plus anciennement élu. Le nombre des conseillers de gouvernement est fixé par le vote de toute l'Assemblée. En cas d'augmentation, l'élection a lieu par le comité des deux chambres. En cas d'élimination, les membres sortants sont désignés par le scrutin secret de toute l'Assemblée.

Le conseil de gouvernement est présidé par le chef du gouvernement, qui nomme aussi le vice-président et le bureau.

Le conseil de gouvernement est appelé à seconder le pouvoir exécutif de son expérience et à servir l'Assemblée nationale de ses lumières. Il est à *désirer* qu'il se composât d'hommes éprouvés aux affaires ; mais on ne saurait baser une loi sur un désir. La loi se fonde sur la justice, qui veut que la liberté des électeurs soit complète.

Les ministres et les directeurs généraux ne peuvent être choisis par le chef du gouvernement qu'au sein du conseil, et ils ne cessent pas d'en faire partie.

Les fonctions du conseil de gouvernement sont payées pas le trésor public.

Observations générales. Incompatibilités. — On conçoit que certaines positions sociales, telles que l'aliénation de son indépendance personnelle, un emploi amovible, un poste dans l'armée, puissent être reconnues incompatibles avec les fonctions d'*électorat*, mais on ne comprend pas en vertu de quel principe elles seraient incompatibles avec l'*éligibilité ?* Encore, la condition du domicile dans la commune ou dans le département a pu être logiquement établie pour les élections des corps administratifs qui doivent réellement êtreissus de la commune et du département. Mais quant aux élections de l'Assemblée nationale, il n'y a que les étrangers à la nation et les étrangers à la morale qui peuvent en demeurer exclus par la loi.

Par conséquent, si le chef du gouvernement jugeait à propos de donner une fonction à un représentant élu, celui-ci ne peut avoir démérité de la confiance de ses électeurs par le seul fait que le chef du gouvernement a reconnu en lui des capacités spéciales. C'est à la chambre dont ce représentant fait partie qu'il appartient de le juger lors du vote de renouvellement. Tout au plus si ces fonctionnaires sont considérés comme étant en mission. Si, d'un autre côté, les électeurs des communes ou ceux des départements faisaient choix d'un fonctionnaire, d'un officier, d'un prolétaire, etc., de quel droit oserait-on vouloir limiter leur liberté électorale?

C'est pour ces raisons que nous ne reconnaissons aucune incompatibilité pour les membres de l'Assemblée.

Fonctionnaires administratifs. — La liste des fonctionnaires civils est fort courte.

A la tête de chaque branche du pouvoir

exécutif se trouve un ministre ou un directeur général;

A la tête de chaque département un préfet;

A la tête de chaque commune un maire.

Tous ces agents doivent avoir la liberté entière de remplir leurs devoirs selon leurs facultés. Responsables de leurs actes, ils doivent être libres dans leurs actions. Or les organes de leurs facultés et leurs moyens d'action, ce sont leurs agents subalternes. Par conséquent, les préposés aux ministères, aux préfectures, aux mairies, doivent pouvoir organiser leurs bureaux à leur convenance et sous leur responsabilité. Autant le principe est juste, autant ses conséquences sont utiles: ne serait-ce qu'en abolissant les sinécures et en rendant les conflits dans les bureaux impossibles.

D'ailleurs le trop grand pouvoir des agents publics n'est jamais à craindre, leur position restant toujours soumise aux votes de renouvellement.

Nous ne saurions mieux résumer toute cette étude qu'en citant ces remarquables paroles :

« Lorsque l'*administration* centrale prétend remplacer complétement le concours libre des premiers intéressés, elle se trompe, ou veut vous tromper.

» Une nation ne peut vivre ni surtout prospérer sans une forte centralisation *gouvernementale.* » (A. de Tocqueville, *De la démocratie.*)

www.ingramcontent.com/pod-product-compliance
Ingram Content Group UK Ltd.
Pitfield, Milton Keynes, MK11 3LW, UK
UKHW031939260826
14628UKWH00004B/1738

9 782012 463288